INTÉGRITÉ

COMMENT SURVIVRE À UNE MULTINATIONALE

DAVID GRAÇA

ISBN : 9798878828130

David est un citoyen du monde, né entre la France et le Portugal, et diplômé d'une grande école en ingénierie aérospatiale. Avec plus de vingt ans d'expérience dans le domaine des achats et de la chaîne d'approvisionnement, il a exploré le monde professionnel entre la France et l'Espagne.

Son récent virage dans la vie, après une expérience professionnelle significative, l'amène à réaliser son rêve d'écrire. Ce livre est l'aboutissement de sa passion pour la lecture et l'occasion de partager les leçons de sa carrière et de sa vie.

Remerciements

A mes deux piliers inébranlables, aux deux femmes qui m'ont appris à apprécier les trésors les plus précieux de la vie :

À ma grand-mère, dont l'amour et la sagesse ont éclairé mon chemin depuis mon enfance. Ta chaleur et ton infinie patience m'ont guidé dans les moments d'obscurité, et ton héritage des valeurs restera à jamais dans mon cœur. Merci d'être ma source d'inspiration.

À ma mère, dont la force, l'amour inconditionnel et les principes solides ont fait de moi l'individu que je suis aujourd'hui. Tes leçons sur l'importance de l'intégrité, du respect et de l'honnêteté ont été un phare dans ma vie. Je suis reconnaissant pour chaque sacrifice et chaque sourire que tu as partagé avec moi.

À vous deux, je dois ma gratitude éternelle et mon engagement à continuer à vivre une vie pleine de valeurs et d'amour. Vos enseignements brillent en moi et continuent de guider mes pas dans ce voyage qu'on appelle la vie.

Enfin, je tiens à te remercier du fond du cœur ! Surtout toi, cher lecteur, pour avoir pris le temps de te plonger dans les pages de ma première œuvre littéraire. Ton soutien compte beaucoup pour moi - merci !

Table

Le secret du bonheur est de faire ce que l'on aime.
Le secret de la réussite est d'aimer ce que l'on fait.

Auteur inconnu

Le secret du bonheur n'est pas de toujours faire ce que l'on aime,
mais d'aimer ce que l'on fait.

Tolstoï

I.   Implémentation des Valeurs

— Oh, Putain ! m'exclamai-je.

C'était un après-midi d'avril, peu après Pâques. Nous avions rarement eu une température aussi douce à Paris depuis un certain temps. Cependant, à mesure que nous nous approchions de l'aéroport Charles-de-Gaulle, la température est devenue plus agressive, créant une atmosphère électrique qui m'a donné la chair de poule.

Nous sommes allés chercher un ami de la famille qui revenait du Portugal après une semaine de vacances pour construire la maison de ses rêves, grâce à son travail acharné pendant de nombreuses années, dans un pays qui n'était pas le sien, en vue d'une vie meilleure le jour où il rentrerait définitivement chez lui à la retraite.

C'était en 1991 et j'étais à l'âge ingrat où, à deux ans de mon baccalauréat, je ne savais pas quelle filière choisir pour mon avenir professionnel. J'étais certain qu'il serait entouré de matières scientifiques, toutes plus passionnantes les unes que les autres, plutôt que d'économie ou de droit. Mon instinct me disait que les professions juridiques étaient complexes en raison des responsabilités qu'elles impliquent. Le tribunal est devenu une image cauchemardesque qui émergeait dans mes pensées lorsque je me souvenais de mon désir d'être avocat. Je ne voulais pas prendre le risque de défendre un criminel qui avait tué toute sa famille. Le sentiment d'inconfort et la peur de cette profession augmentaient avec la baisse progressive de la température.

Un métier scientifique était la solution, mais dans quelle spécialité ? La médecine m'a un peu effleuré l'esprit, mais sa sélection très restreinte en fin de première année à l'université m'a vite fait oublier cette idée. Jusqu'à cet après-midi de printemps, alors que nous roulions vers le parking de l'aéroport, un géant métallique s'apprêtait à se poser sur l'une de ses pistes éclairées permettant au pilote de ligne d'atterrir tranquillement sans à-coups ni freinage brusque. Un géant technologique qui défiait toutes les lois de la gravité avec élégance, charisme et enthousiasme.

La bouche entrouverte et incrédule devant un tel mastodonte, je suis tombé amoureux.

— Qu'est-ce qui t'arrive ? demanda mon père.

— Je sais déjà ce que je veux faire dans les années à venir, je sais comment je peux prospérer en travaillant tout au long de ma carrière professionnelle, ai-je répondu.

— Et qu'est-ce que c'est ? redemanda mon père.

— Pilote de ligne, ai-je répondu, encore surpris.

Face à un père qui craignait que je me démotive quelques années plus tard à cause de la difficulté des études pour devenir pilote de ligne, je lui ai montré ma confiance car j'étais certain que c'était ma voie à suivre.

De 1993 à 1996, j'ai passé trois longues années à étudier à l'université Pierre et Marie Curie, au cœur de Paris, avec l'ambition de devenir pilote de ligne. J'ai investi tant d'efforts pour me rendre compte compte, sur la dernière ligne droite, qu'il me serait impossible de piloter un avion commercial en raison de l'apparition d'une cataracte précoce alors que j'avais à peine 20 ans. Malgré ma tristesse, je me sentais fier de savoir que je pouvais réussir si mon patrimoine génétique me l'avait permis. Sur les conseils d'un de mes amis à l'université qui venait de s'inscrire dans une école de commerce située dans ma ville natale, à Levallois-Perret, dans les Hauts-de-Seine et limitrophe à Paris, j'ai décidé de changer de cap. En effet, le bâtiment en face de son école était une école privée, formant de futurs ingénieurs dans les domaines des transports tels que l'aéronautique, l'automobile, le ferroviaire et l'espace.

L'école privée acceptait les candidatures des nouveaux élèves jusqu'au lendemain à 18 heures. Grâce à ma passion, j'ai pu écrire ma lettre de motivation et envoyer ma candidature en un temps record.

Ces efforts ont été récompensés dès le moment où j'ai été admis et où je suis sorti avec mon diplôme en main, quatre ans après mon inscription, en juillet 2000. Alors que nombre de mes camarades de classe se demandaient quelle filière d'ingénierie choisir en raison de la quantité incalculable de matières assimilées au cours de notre cursus, j'avais déjà une idée précise de mon orientation. Bien que ma nature créative et extravagante dans la vie sociale de tous les jours m'ait orienté vers une carrière commerciale de 2000 à 2003, j'ai réussi à changer de cap avec beaucoup de succès en 2003 lorsque j'ai réalisé que je ne pouvais plus vendre le produit phare de ma première entreprise parce que je n'y croyais pas. C'est alors que j'ai décidé de changer de cap et de plonger dans le monde fascinant des achats et des chaînes d'approvisionnement.

C'est dans ce domaine que j'ai accumulé de plus en plus d'expérience dans le but de rejoindre la célèbre Multinationale dans le domaine de l'aérospatiale et de prospérer dans ma carrière. Huit ans après la fin de mes études, j'ai atteint mon objectif en étant embauché par la Multinationale de mes rêves les plus ambitieux en décembre 2008.

La Multinationale était encore jeune lorsque je l'ai rejointe. Au cours des quinze années suivant mon embauche, de nombreux changements ont été effectués de façon à harmoniser les processus opérationnels des différentes entités qui intégraient la Multinationale au fur et à mesure de ses acquisitions. Ces changements m'ont permis d'acquérir une expertise tout en m'enrichissant à l'international en interagissant avec de nombreuses entreprises tant au niveau local que mondial. Beaucoup d'énergie a été dépensée. Mais Quelle meilleure façon de mûrir et de vieillir au fil du temps que de faire ce que l'on aime faire ?

Mais l'avidité est à l'humain ce que la peste est à la mort. Elle vous suit partout en vous définissant des standards de la vie moderne alors que personne ne sait d'où ils sortent ou qui les a mis en place et définis. Le capitalisme moderne vous conduit à prendre un chemin que vous ne maitrisez pas ou ne comprenez pas forcément. C'est pourquoi après quelques délits d'initié et des ventes prohibées dans des pays d'embargo, la Multinationale est vue rouge à l'international. Il faut réagir vite pour régler la situation mais surtout pour définir des préventions correctives et préventives de façon qu'elle ne se reproduise plus.

Pour cela, la Multinationale a mis en place un code de conduite pour tous ses collaborateurs dans le but de transformer son image globale. Ce code repose sur des valeurs auxquelles aucun collaborateur ne peut déroger sans raison légitime. Six valeurs guident ce code, inspirées de notre monde volatile, incertain, complexe et ambigu, et se déclinent comme suit :

1. Respect
2. Orientation Client
3. Nous Sommes Un
4. Créativité
5. Fiabilité
6. Intégrité

Les valeurs sont aux personnes ce que la stratégie est aux entreprises. Elles fournissent un langage partagé pour atteindre un objectif commun, de sorte que le comportement attendu génère un sentiment d'appartenance et d'identification à la Multinationale, ce qui renforce son intégration sur le marché. La définition, la mise en œuvre et l'adoption collectives de ces valeurs par l'ensemble des salariés faciliteraient de :

-   Simplifier la complexité,
-   Créer une identité commune,
-   Adopter un comportement éthique à l'égard de tous les clients internes et externes,

-   Créer une base solide pour une culture d'entreprise
    encore plus forte.

L'identification et la solidité ne sont obtenues que lorsque tous les collaborateurs respectent les règles internes et externes de la Multinationale, sans exception, même si le résultat d'un projet semble plus complexe lorsqu'il est adapté à nos valeurs. Je me flattais de posséder toutes ces valeurs, à une petite exception près (cette fascinante créativité qui semblait m'abandonner comme à chaque fois), grâce à l'éducation multiculturelle que j'ai reçue au fil des ans. Les chiens ne font pas des chats, comme on dit, et je dois l'admettre avec certitude : la génétique est précise. Mon éducation a été un cocktail équilibré entre la tutelle paternelle dans la première moitié de mon enfance et la sagesse de ma grand-mère maternelle dans la seconde moitié, ce qui m'a permis de bénéficier d'une éducation constante et de n'avoir aucune divergence de part et d'autre. J'ai eu beaucoup de chance !

Je n'ai alors pas hésité à rejoindre le groupe de travail au sein de la Multinationale pour expliquer, promouvoir et inculquer les valeurs dans toutes les professions et fonctions. Au final, nous formions une belle et grande famille.

Quel naïf j'ai été !

II.   Respect

Le respect est le pilier fondamental, la base sur laquelle toutes les valeurs sont construites. Pour respecter ce principe, il est impératif d'adopter une attitude de tolérance zéro à l'égard des comportements contraires à l'éthique et du non-respect des règles, afin de préserver la culture ancrée dans la Multinationale et de garantir la livraison de produits de qualité, à temps et conformes aux attentes de ses clients externes.

Au début 2020, mon supérieur a dû déménager pour prendre plus de responsabilités au sein de la Multinationale en raison de sa promotion bien méritée. C'est ce supérieur qui m'a donné l'opportunité d'élargir mes compétences à l'international en m'intégrant dans son équipe basée à Séville, en Espagne, en novembre 2015 bien que ne parlant pas la langue du pays, qui m'était totalement inconnu, ne l'ayant traversé qu'à l'occasions de voyages d'été ayant pour but la rencontre, devenue cruciale pour les émigrés portugais en France. Pour eux, ces voyages représentaient un lien vital avec leurs proches, qu'ils n'avaient pas vus depuis un an. La « Saudade » les oppressant d'une telle intensité qu'elle transformait ce peuple tant connu pour sa joie de vivre en un peuple plus mélancolique et méfiant à l'égard de la vie.

Notre équipe a alors changé de Direction en passant des mains des Espagnols à celles des Allemands. Ce changement a été opéré afin de diversifier la culture au fil des ans tout en se conformant aux accords signés en 2000 entre les gouvernements de la France, de l'Allemagne, de l'Espagne et du Royaume-Uni. Ces accords visaient à renforcer l'union européenne afin de mieux faire face à la concurrence mondiale croissante. Cette tendance s'est intensifiée depuis les années 1990 avec la naissance du numérique et la vente de certaines technologies mécaniques en Asie dans la deuxième décennie des années 2000.

La transition avec son successeur, Mike, s'est déroulée sans heurts ; en effet, il a insisté pour organiser des réunions individuelles avec chaque membre de son équipe afin d'apprendre à mieux les connaître. Ma première impression, cependant, était plus celle de son observation que de son interaction active. Cependant, mes inquiétudes ne se sont pas manifestées jusqu'à ce que, lors de la réunion d'équipe du lundi suivant son arrivée, notre supérieur hiérarchique nous informe que Mike souhaitait que son équipe solde ses jours de congés avant le 31 décembre 2020. Un conflit social s'est installé aussitôt, car l'accord de la Multinationale stipule que les congés peuvent être pris jusqu'au 30 juin de l'année suivante, c'est-à-dire en 2021.

Une légère expression de désapprobation a traversé mon visage lorsque j'ai entendu cette directive, car elle semblait contraire au respect de nos droits et à l'autonomie dans le choix de la vie privée des membres de l'équipe. Cependant, j'ai décidé de ne pas y accorder trop d'importance sur le moment, car, comme chaque année, mon objectif était de profiter de tous mes jours de congés avant la fin de chaque année civile. Mon déménagement à Séville en 2015 a été un processus douloureux, en partie à cause du changement de mon contrat de travail français en contrat espagnol. Ce changement a impliqué la liquidation de tous les jours de congés accumulés au cours des sept années précédentes sur mon compte épargne-temps, auquel tout travailleur en France a droit, et qui m'ont été versés en une seule fois au solde de tout compte de mon contrat. Paradoxalement, ce règlement m'a permis de laisser plus d'argent au Trésor Public que je n'en ai ramené en Espagne sous forme d'épargne, bien que je ne comprenne toujours pas parfaitement le concept d'épargne.

Quelques mois plus tard, un événement inattendu s'est produit : ma grand-mère est décédée au Portugal pendant mes vacances d'été. Cela m'a octroyé le droit de quatre jours de congés supplémentaires pour organiser ses funérailles, puisqu'elle vivait dans un autre pays. Cependant, cet événement a coïncidé avec un moment critique pour le service des achats et la chaîne d'approvisionnement. Nous étions en pleine crise de fin de l'année, luttant pour réaliser les commandes et les livraisons prévues pour l'année en cours sans dépasser le budget annuel de la Multinationale. Cette situation était d'autant plus difficile que nous étions dans la phase postpandémique et que l'année 2020 n'avait pas été économiquement favorable.

En outre, je gérais déjà de nombreux projets simultanément, ce qui m'empêchait de répondre aux demandes de mes clients internes. Cela allait à l'encontre de la valeur la plus fondamentale de l'entreprise : l'accent mis sur la satisfaction du client, un engagement que je ne pouvais pas respecter si je devais prendre ces quatre jours de congés comme Mike le souhaitait. Cela créait un conflit d'intérêts entre la politique de la Multinationale et celle du nouveau dirigeant.

III.   Orientation Client

Cette troisième valeur se concentre activement sur les demandes essentielles de nos clients, tant internes qu'externes, afin de comprendre leurs besoins (internes pour les fonctions de support de la Multinationale et externes pour les tiers.) De cette manière, la Multinationale et ses différentes fonctions s'appuient sur leurs capacités et leur attitude pour fournir des produits en termes de coût, de qualité et de délais.

La conduite professionnelle attendue consiste à informer notre supérieur hiérarchique dès que nous percevons une possibilité de non-respect de l'engagement pris à l'égard du client. Quelle que soit la raison sous-jacente, il est essentiel de communiquer la situation en temps utile. Une communication transparente et proactive permet de gérer efficacement les difficultés potentielles. En outre, il est essentiel de souligner que l'adoption de ce comportement n'est pas superstitieuse, comme croiser les doigts pour que la loi de Murphy choisisse de faire une pause pendant les fêtes de fin d'année. Il s'agit plutôt d'une approche responsable, fondée sur l'intégrité et l'éthique professionnelle. Comportement que j'ai d'autant plus adopté pour justifier ma contestation à cette directive qui allait contre un droit du travail acquis depuis des siècles.

Comportement inefficace toutefois. La directive devait être respectée sans exception, même en cas d'événement incontrôlable et involontaire tel que la perte d'un être cher.

Directive qui ne laissait pas de place à la satisfaction du client, en définitive.

Le Mike sympathique et proche de son équipe aux débuts de sa prise de poste s'est transformé en une personne insensible et égoïste. Cherchait-il à faire valoir son autorité sur l'équipe ou a-t-il simplement décidé de jouer avec elle ? Tout ce que je sais, c'est que l'argument pour renforcer la trésorerie de la Multinationale en soldant tous les jours de congés en fin d'année était loin d'être cohérent et efficace, surtout si l'on considère que seule notre équipe avait cette directive dans la Multinationale. Ce n'est pas une équipe de dix personnes sur les 16 000 que compte l'Espagne qui pourrait avoir un impact financier et économique significatif sur la trésorerie de celle-ci, combien même notre équipe partagerait les dix plus gros salaires de la Multinationale basée en Espagne.

Cependant, afin de répondre aux demandes de mes clients internes quatre jours avant les fêtes de fin d'année, j'ai dû suivre une autre procédure établie au sein de la Multinationale, connue sous le nom de "Speak-Up". Cette procédure stipule qu'en cas de désaccord entre un collaborateur et son supérieur, celui-ci doit en informer le supérieur hiérarchique de son supérieur afin d'obtenir un avis impartial sur la situation.

L'impartialité m'est apparue inexistante dans cette procédure lorsque j'ai exposé mes faits à Annika, la supérieure de Mike, qui n'a manifesté aucune inquiétude. En effet, elle a semblé ne pas me prêter attention et a balbutié quelque chose comme : "Mais, tu sais, David, peut-être que Mike a raison et...".

— Attends, Annika, répondis-je en l'interrompant. Je ne suis pas là pour te demander si je peux jouir de mes droits, mais pour t'informer que je ne respecterai pas la directive de Mike. Je gère très bien ma vie privée tout seul. Maintenant, dis-moi si cette situation va me poser des problèmes auquel cas je vais agir immédiatement pour changer de poste dans le cadre d'une mobilité interne, ou si nous allons enfin agir comme des adultes responsables, oublier nos caprices et passer à autre chose.

— Oh non, non ! Il n'est pas question que tu partes. Et, bien sûr, nous continuons et passons à autre chose.

— Merci Annika, ai-je dit, sceptique.

J'ai donc travaillé ces jours supplémentaires pour assumer mes responsabilités professionnelles. Ces efforts ont été récompensés par une véritable reconnaissance de mon travail. Cependant, cette année-là, ces félicitations avaient un goût doux-amer, reflet de nombreuses années passées au service d'une Multinationale qui semblait manipuler ses collaborateurs, une manipulation qui contredisait les valeurs fondamentales de la Multinationale. Ce sentiment était aggravé par la pensée du droit fondamental qui avait été conquis grâce aux efforts de milliers de personnes qui s'étaient battues, au prix de leur vie, pour obtenir un jour de congés par an il y a des siècles. L'amertume s'est atténuée avec le temps, car j'ai finalement trouvé l'élan nécessaire pour envisager un changement de position en agissant de la sorte. J'en avais besoin.

Le tournant de ma carrière professionnelle en Espagne s'est produit le jour du "Speak-Up". J'ai réussi à atteindre en partie l'objectif que je m'étais fixé toute ma vie : avoir les rênes bien en main pour décider de ce que je dois faire ou réaliser dans ma vie pour être le plus heureux possible ; un singe reste toujours un singe, fût-il vêtu de soie. Les fêtes de fin d'année se sont déroulées dans un esprit hébété par l'isolement provoqué par la pandémie tout au long de 2020, d'une part, et la prise de conscience que les mois à venir ne seraient pas faciles à gérer, d'autre part. C'est alors que j'ai reçu le cadeau de fin d'année de Mike qu'il réserve habituellement à son équipe, accompagné des mots suivants :

Cher David, lors de notre première rencontre, j'ai été impressionné par ton optimisme et ta positivité, ainsi que par l'attitude exemplaire dont tu as fait preuve en m'accueillant. Et je crois fermement que c'est notre relation qui a le plus souffert de la pandémie de la Covid. Nous avons tous les deux besoin de contact avec les autres. La distance, l'enfermement... tout cela a un impact plus important sur les personnes empathiques comme toi. Pourtant, tu gères les projets les plus fous comme... notre nouvelle division en Espagne. Pour relever ces défis, il est essentiel de se faire confiance et de s'entraider. J'ai promis d'être plus proche en 2021 pour aligner et construire cette confiance. J'espère te revoir, plus fort et encore plus endurant, motivant notre équipe par ton optimisme.

Tout s'arrangera.

A très bientôt.

C'est à ce moment-là que j'ai compris que le changement était en route. Cependant, je n'avais aucune idée de la spirale d'événements qui allait se dérouler au cours des deux années et demie qui suivirent.

IV.   Nous Sommes Un

Cette valeur est la plus représentative du travail d'équipe, qui consiste à faire tomber les barrières et à collaborer pour atteindre des objectifs communs à tous les niveaux. Tous les collaborateurs parlent et écoutent activement avec un esprit ouvert pour créer un espace de travail inclusif qui favorise le bien-être et le plaisir, où tous les collaborateurs ont le sentiment de faire partie de la grande famille au niveau multinational.

Le niveau de priorité de chaque fonction de la Multinationale gère et négocie les intérêts des clients, tant internes qu'externes, plutôt que les intérêts locaux ou individuels, en connaissant leurs attentes. Les objectifs de chaque équipe sont définis collectivement et partagés en fonction des priorités de la Multinationale. La réussite collective prime sur les intérêts personnels.

Fin 2021, l'espoir de conclure un programme aussi prestigieux début 2022 devenait de plus en plus tangible. Ce programme, attendu avec impatience depuis le début des négociations il y a dix ans, a finalement vu le jour début 2022. Compte tenu de ses dimensions, allant de l'assemblage d'avions en Espagne à l'installation d'une chaîne de montage dans le pays asiatique intéressé par le produit phare de la Multinationale, une réorganisation représentée par tous les départements, et notamment de la chaîne d'approvisionnement de la Multinationale, était nécessaire.

Bien que les négociations pour ce programme aient commencé il y a une dizaine d'années, les prix de vente ne devaient pas être révisés pour respecter les budgets initiaux, sans tenir compte des multiples crises survenues depuis lors. La plus importante a été la pandémie de la COVID-19, qui a entraîné un arrêt total du trafic aérien pendant deux mois, suivi d'une lente reprise dans les mois qui ont suivi. Malgré ces défis, les négociations avec les fournisseurs de la Multinationale se sont avérées difficiles mais pas insurmontables.

À cette fin, une réorganisation de mon équipe a été présentée à l'ensemble de la Multinationale avec la création de deux niveaux de postes transversaux pour mettre en œuvre ce programme. Les objectifs de mon équipe ont été bien définis et partagés collectivement en ligne avec les priorités de la Multinationale, de sorte que le succès collectif de l'équipe prime sur tout intérêt personnel.

J'étais le seul absent à l'appel pour définir cette nouvelle organisation, et je n'ai découvert sa mise en place qu'en même temps que mes collègues à qui cette nouvelle organisation était présentée. La surprise générée a eu raison du rejet qui commençait à s'installer dans mon esprit.

De « *Nous sommes un* », je suis passé à « *Je suis seul* », complètement angoissé, ne sachant que faire pour dénoncer cette discrimination que je ressentais et qui n'était autre que la conséquence de mon refus de jouir de mes droits à congés aux dates décidées par le chef. Ce sentiment de singularité n'a fait qu'augmenter au début du printemps 2023, lorsque Patrick, notre supérieur direct, a semblé satisfait d'informer son équipe par visioconférence que le calibrage des objectifs 2022 avait été réalisé et approuvé par la direction de la Multinationale, nous permettant de bénéficier de sa compensation financière dans notre bulletin de paie d'avril. Tous les membres de l'équipe devaient avoir un entretien individuel avec lui pour évaluer si les objectifs de l'année précédente avaient été atteints. Dans le contexte de travail de la Multinationale, l'évaluation annuelle des objectifs est une procédure obligatoire établie par les ressources humaines pour examiner et évaluer les performances de chaque collaborateur. Apparemment, tous les collaborateurs ont eu leur entretien annuel, sauf moi.

Lorsque Patrick a annoncé que l'évaluation avait été réalisée, j'ai remarqué que son attention était fixée sur sa caméra, cherchant à analyser ma réaction à la communication de cette information. Lorsque j'ai demandé pourquoi je n'avais pas eu mon évaluation lors de la réunion d'équipe, Patrick m'a répondu qu'il s'agissait d'une affaire personnelle et que je recevrais une réponse plus tard.

Il souriait d'une oreille à l'autre et son regard ne cessait de se poser sur chaque membre de son équipe. Ses yeux se déplaçaient d'un écran à l'autre lors de l'appel vidéo. Son image sur l'écran de mon ordinateur me rappelait le chat d'Alice au pays des merveilles, figé au sommet du labyrinthe de Fantasyland au parc Euro Disney de Paris, dont les yeux vont de droite à gauche, puis de gauche à droite, au rythme infernal d'un tic-tac bruyant et agaçant.

Cinq mois s'étaient déjà sont écoulés à discuter et à essayer de régler les choses. Les seules réponses que j'ai reçues étaient que je ne savais pas comment gérer un projet et que je ne pourrais jamais diriger une équipe en raison de mon manque de compétences. Il est surprenant que la mise en œuvre d'un processus achats complexe dans la nouvelle filiale spatiale de la Multinationale, dans un pays qui m'est étranger et dans une langue qui m'est étrangère, ait dépassé toutes les attentes. Ces commentaires étaient irrespectueux de tous les efforts et de l'énergie investis pour que tout fonctionne.

Je n'ai jamais remis en question mes capacités et mes compétences, j'ai toujours eu confiance en elles. Je savais déjà que pour progresser dans cette Multinationale, il fallait rompre avec mes principes et mes valeurs au détriment de collaborateurs loyaux et compétents. C'est pourquoi j'ai décidé de rester à la fin de ma période d'essai en mai 2009 en France, en renonçant à toute position d'élite si prisée dans le monde de l'entreprise. Les moules ne me conviennent pas, encore moins les règles dictées par des êtres humains ignorants et avides de pouvoir. Je l'ai compris lorsque, à l'âge de quatre ans et demi, ma maîtresse de maternelle m'a giflé parce que j'avais embrassé un garçon. Une situation qu'elle aurait mieux fait de garder pour elle, car elle n'était pas appréciée par ma mère. Il a fallu qu'elle apprenne à cette dame qu'à mon âge, on ne savait pas ce que signifiait embrasser, et encore moins à quel sexe appartenait la personne que l'on embrassait.

C'est sur les valeurs de la Multinationale que j'ai commencé à douter, en me demandant si elle ne nous considérait pas comme des marionnettes : ceux qui sont bons pour frapper ceux qui font le bien, sans être frappés en retour. Ceux qui sont nés dans les années 70 se souviendront de cette marionnette maléfique, le "Guignol", qui reste à ce jour impuni.

Heureusement - ou malheureusement - la Multinationale impose chaque année une formation virtuelle obligatoire à tous ses collaborateurs afin de changer les mentalités et d'améliorer l'image vis-à-vis de nos clients, qui ont perdu confiance depuis la fin de la première décennie des années 2000, et d'assurer le bien-être de chaque collaborateur sur son lieu de travail.

Cette formation virtuelle devrait être achevée à la fin du mois de septembre. Cependant, en raison de la charge de travail jusqu'aux vacances d'été, je n'avais pu la commencer qu'en août 2022, pendant mes propres vacances. Le début de celles-ci a été caractérisé par un soleil maussade sur la plage, mais il m'a illuminé mes yeux en révélant la discrimination dont je souffrais depuis cinq mois.

Ce que je ne savais pas, parce qu'on ne nous l'a jamais démontré, est que notre département des ressources humaines était hypnotisé par les yeux du chat d'Alice...

Tic...   Tic...

V.   Créativité

La créativité consiste à éveiller la curiosité. Elle s'adresse aux personnes passionnées et ouvertes d'esprit qui reconnaissent l'imagination à tous les niveaux. Elle prépare ses collaborateurs à agir avec courage, à prendre des risques et à les apprendre, à être capables de recommencer si les objectifs ne sont pas atteints. La Multinationale veille à ce que tous ses collaborateurs disposent du temps, de l'espace et des outils nécessaires pour faire preuve de créativité. L'exemple le plus significatif de conduite professionnelle est la création d'une culture qui encourage le développement pour prendre des risques évalués et apprendre des erreurs.

La formation virtuelle est intitulée "Harcèlement et Discrimination". Dans la vidéo, le protagoniste victime de discrimination est utilisé de manière exemplaire pour expliquer clairement comment agir et comment signaler tout cas de discrimination. Son histoire est similaire à la mienne, puisqu'il s'agit d'un collaborateur très compétent qui est complètement écarté de son équipe pour des raisons obscures. Son poste a été pourvu par un autre collaborateur d'un autre département, qui s'est vu confier les tâches que le collaborateur discriminé avait précédemment demandées pour mener à bien la mise en œuvre de la nouvelle organisation de son équipe.

Bien que le nouveau candidat possède sans aucun doute les qualités requises pour le poste, il n'a pas la même expérience et la même perspicacité que le collaborateur victime de discrimination.

Au départ, je n'ai pas prêté attention à cette situation, car je ne suis pas enclin à la méfiance et j'ai tendance à croire que les bons gestes sont récompensés de manière adéquate. Bien qu'ayant accumulé près de cinquante ans d'expérience dans trois pays différents et ayant vécu dans des endroits exotiques au cours de mes études d'ingénieur qui m'ont appris le contraire, je crois en la bonté innée des individus et je me considère comme un exemple de cette bonté. Cependant, je suis également conscient de ma ruse, surtout lorsqu'il s'agit de préserver mon intégrité face à ceux qui agissent négativement à mon égard. La vie est un défi que j'aborde avec détermination et courage.

Face à la discrimination dont j'ai été victime, il était nécessaire de prendre des mesures concrètes. Il s'agissait de contacter le service Éthique et Conformité afin de rapporter les faits et d'obtenir un point de vue impartial sur la situation. De plus, cette action visait à réduire les tensions et les conflits qui auraient pu naître de cette discrimination.

Lors de mon premier contact avec ce service, j'ai été clairement prévenu que cette situation ne serait pas facile à gérer. J'ai été informé de la possibilité de devoir affronter mon supérieur pour exposer les faits. En outre, on m'a rappelé l'importance de garder le secret absolu dans ce processus, car la confidentialité était cruciale pour éviter d'éventuelles représailles de la part de mon supérieur s'il désapprouvait l'enquête.

Dans mon cas, la confidentialité n'a été que partiellement respectée. Au départ, je ne voyais pas l'intérêt de respecter celle-ci compte tenu de la formation que nous avions reçue. Cependant, comme mon malaise s'est accru au cours des mois suivants en raison de l'absence de mesures de protection de la part de la Multinationale, j'ai décidé de chercher une aide psychologique et j'ai contacté la hotline de la Multinationale (bien que ce mot semble clinquant, en réalité, il n'a pas été efficace dans la pratique.) Aujourd'hui, je suis toujours à la recherche de cette aide.

L'enquête, qui a duré neuf longs mois, a finalement établi que ma situation n'était en rien discriminatoire. Lors du dernier appel vidéo pour conclure l'enquête, la supérieure du collaborateur en charge de mon dossier a expliqué pourquoi ma situation n'était pas considérée comme discriminatoire, en fondant ses arguments sur la formation que nous avions reçue. Je suis allé jusqu'à lui demander si nous avions suivi la même formation, ce à quoi elle a répondu par l'affirmative.

C'est alors, à ma grande surprise, qu'elle a soutenu que mon interprétation n'était pas correcte certainement en raison de ma fausse maîtrise de l'espagnol en si peu de temps de présence en Espagne. Je lui ai alors informée que j'avais réalisé la formation en Français, la langue que je maîtrise le mieux parmi les quatre que j'utilise, parle et écris au quotidien.

Je me disais que cette vidéoconférence ne me laisserait pas espérer une réponse cohérente de sa part.

Je ne me suis pas trompé.

VI.   Fiabilité

La fiabilité est à l'origine du succès sans précédent de cette Multinationale. Elle assume personnellement la responsabilité de ses actions et de ses engagements envers ses collaborateurs pour livrer des produits innovants et défiant la gravité, dans les délais impartis, tout en réduisant ses coûts pour satisfaire ses clients et en valorisant ses collaborateurs pour leurs compétences, ce qui leur permet de vivre confortablement grâce à une rémunération nettement supérieure à la moyenne nationale de tous les pays où elle est implémentée.

Pour y parvenir, la Multinationale doit agir de manière cohérente lorsque des erreurs sont commises et apprendre à ne pas les répéter, en particulier lorsqu'elle a l'intention de démontrer publiquement son engagement en faveur d'une meilleure réputation et de corriger les erreurs passées qui pourraient affecter la fidélité de ses clients. Toutefois, cette affirmation est loin de refléter la réalité. La preuve en est leur comportement en réponse à mes actions visant à respecter leurs valeurs déclarées. En effet, bien que j'aie suivi et appliqué l'apprentissage obligatoire promu par la Multinationale, la réalisation de mes objectifs a été nullement perçue par la Multinationale, car elle n'était pas alignée sur mon comportement provenant de son propre enseignement.

L'échec de la fiabilité dans la Multinationale s'est manifesté dès son implémentation. Depuis 2017, la Révision

Individuelle des Salaires (RIS) de chaque collaborateur était définie par un système de points basé sur 4 critères : l'atteinte des objectifs annuels, la situation salariale, l'ancienneté dans la Multinationale et l'évaluation du Manager. Le TOP45 sélectionnait les 45% des meilleurs résultats pour l'attribution de la RIS. Malgré ma présence dans le TOP45 en 2017, je n'en ai pas bénéficié. La semaine suivant ma réclamation de la RIS compte tenu de mon résultat, les Ressources Humaines ont modifié le total des points à la hausse donnant droit à la RIS sans aucune explication, me retirant du TOP45 et me privant ainsi de la possibilité de l'obtenir.

Deux jours avant le début de mes vacances tant attendues pour profiter de la Foire de Séville en avril 2023, un collaborateur du service des ressources humaines m'a convoqué pour me remettre en main propre une lettre de licenciement, invoquant des motifs graves et me demandant de rendre compte de mes actes dans un délai de seulement soixante-douze heures, soit l'équivalent de 3 jours dont l'échéance coïncidait avec le week-end suivant. Sur le moment, je n'ai pas cherché à vérifier la légalité de cette convocation, pour être honnête. Ma réaction a été une profonde déception à la réception de cette notification.

Après quatorze ans et demi consacrés à ce que je fais de mieux dans ma vie, tant sur le plan professionnel que personnel, je me suis retrouvé face à un licenciement sous prétexte d'incompétence et de fraude pour travail fictif. Cette tournure inattendue des événements a été particulièrement douloureuse, car je me souvenais avec gratitude de la personne qui m'avait donné l'occasion de venir en Espagne et de vivre ma vie en tant que citoyen du monde, en soutenant l'idée que j'étais la bonne personne au bon endroit. Son commentaire m'avait profondément touché à l'époque, car c'est le premier qui m'a donné la confiance dont j'avais désespérément besoin dans ma vie professionnelle. Il venait de quelqu'un qui croyait en moi, ce qui contrastait fortement avec ma famille qui, au début de ma vie, n'a jamais soutenu mes choix parce qu'elle croyait en mon incapacité. Il était douloureux de réaliser à quel point l'homophobie touchait mes parents, qui allaient jusqu'à me dire que je ne trouverais jamais de travail en raison de mon orientation sexuelle.

C'est en raison de ces circonstances que les trois premières années de ma carrière professionnelle ont été marquées par des défis extrêmement difficiles à relever. Bien que j'aie prévu ces difficultés, j'avais décidé d'accepter cette première offre d'emploi de commercial qui m'a été faite après l'obtention de mon diplôme d'ingénieur, ce qui m'a amené à vendre le produit auquel je ne croyais pas, comme je l'ai mentionné au début de cette autobiographie. Je l'ai fait non seulement pour moi, mais aussi pour prouver à ceux qui m'aimaient profondément que l'homosexualité ne devait pas être considérée comme une calamité dans la vie. Malgré les défis, le résultat n'a pas été aussi négatif que j'aurais pu m'y attendre, même si j'ai dû faire face à d'énormes difficultés financières en 2003 à cause de ce choix. J'ai alors fait tout ce qui était en mon pouvoir pour changer ma situation et poursuivre mes véritables passions, convaincu que le bonheur ne peut être trouvé qu'en étant authentique et fidèle à soi-même. Je ne crois pas que l'on puisse être vraiment heureux en prétendant être ce que l'on n'est pas.

Alors que cette période compliquée se répétait à nouveau dans ma vie, j'ai découvert une différence fondamentale entre les deux : dans ce dernier épisode, l'adversité n'était que la conséquence de mon engagement envers mes valeurs et mes croyances. Cependant, ma confiance en ces valeurs a réaffirmé la solidité de mon intégrité. J'opterais certainement pour un licenciement plutôt que de rester dans un environnement qui ne correspond pas à mes vrais principes, même si j'étais initialement venu en Espagne à la recherche du confort et de la stabilité financière.

J'avais à moitié tort.

VII. Intégrité

L'intégrité est une valeur et un état dans lesquels les qualités et l'état originel des individus sont préservés sans altération.

Face à la convocation des ressources humaines que j'ai reçue deux jours avant mes vacances en avril 2023 relativement à la question du "travail fictif", j'ai choisi de garder le silence, car je ne trouvais aucune raison de justifier les actions qui se sont produites et qui sont développées ci-dessous. Cependant, cette décision a déclenché une deuxième convocation, tout de suite après les vacances, dans laquelle on m'a notifié mon licenciement immédiat pour motif grave.

Il se trouve que pendant ma période de dépression qui n'a été que la conséquence de l'accumulation de tous ces événements, j'avais demandé à mon supérieur hiérarchique la possibilité de travailler à domicile, bien que cette demande n'ait pas été formalisée par écrit. Pour justifier mon temps de travail, j'ai commencé à saisir manuellement mes heures de travail dans le système de gestion du temps de la Multinationale. Toutefois, je ne savais pas à l'époque qu'il existait un double registre de présence : le premier à l'entrée de l'usine, que ce soit par l'entrée piétonne ou par celle en véhicule motorisé et le second à l'entrée des bureaux, avec des lecteurs installés à chaque accès aux bâtiments de l'usine de la Multinationale pour vérifier notre présence.

Les ressources humaines n'informent pas leurs collaborateurs de l'enregistrement du premier pointage, qui leur permet de vérifier si un collaborateur s'est effectivement présenté à son bureau, comme l'indique le système de gestion du temps. Les entrées manuelles dans ce dernier pourraient être interprétées à tort comme du travail fictif. J'insiste toutefois sur l'expression verbale « pouvoir définir », car la réalité est tout autre. Je n'ai jamais réalisé autant d'heures de travail ininterrompu qu'en travaillant à domicile. Contrairement à ce que l'on pourrait penser, même avant la légalisation du télétravail en Espagne, je n'ai jamais reçu de compensation pour les heures supplémentaires effectuées à mon bureau depuis mon intégration huit ans auparavant et je n'ai jamais cherché à être rémunéré.

Quelle serait mon incitation et inspiration à effectuer un travail fictif si, au bout du compte, il n'y avait ni récompense ni même la moindre reconnaissance ? Quel bel idiot je serais !

Il semble que la Multinationale ait trouvé un moyen de licencier ses collaborateurs à sa guise, quelles que soient les circonstances. Cela va à l'encontre des valeurs que la Multinationale proclame, telles que l'intégrité et le respect, et démontre une déconnexion totale avec la réalité de ses collaborateurs qui ont consacré des années d'efforts à celle-ci.

Il est essentiel que les entreprises maintiennent l'intégrité et la transparence de leurs politiques et processus, en particulier sur les questions liées à l'assiduité et au temps de travail. Le télétravail et la gestion du temps peuvent poser des problèmes, et un manque de communication ou de compréhension des procédures peut entraîner des malentendus. Il est essentiel que les entreprises abordent ces questions de manière équitable et transparente, en communiquant clairement à leurs collaborateurs les procédures et les attentes en matière d'assiduité et de gestion du temps de travail.

Je me souviens des propos d'un ancien collègue français qui me disait que les entreprises nous rémunèrent pour l'utilisation de notre matière grise. Je suis d'accord avec cette affirmation, mais il est important de souligner que l'utilisation de nos capacités intellectuelles est personnelle et doit être sous notre contrôle. Lorsque nous renonçons à celles-ci uniquement pour des raisons économiques, nous pourrions assimiler cela à de la prostitution cérébrale, ce qui est inacceptable sur quelque lieu de travail que ce soit.

Cependant, comme je me le dis tout le temps, chaque situation a son côté positif. C'était la première fois que je rencontrais le chef des ressources humaines en Espagne, une personne qui n'apparaît que rarement, pour ne pas dire jamais, sauf en cas de situation problématique. Bien que je ne me souvienne pas de son nom, je suis certain qu'il se souviendra du mien jusqu'à la fin de sa vie. C'est parce que, d'une manière ou d'une autre, ma situation l'a défié.

Je considère qu'il s'agit d'une réussite, du moins en partie, toutefois. Je lui suis reconnaissant d'avoir confirmé mes soupçons quant à la question de savoir si la Direction de la Multinationale était au courant de la situation. La réponse s'est avérée négative par sa non-réponse, ce qui met en lumière le manque d'attention de la Direction Générale à l'égard des problèmes réels qui affectent ses collaborateurs.

Je voulais le savoir pour pouvoir les informer que leur procédure mise en place n'est pas efficace et ne le sera jamais. En effet, les personnes chargées de juger de l'équité d'une situation ont perdu leur objectivité en raison de leur ancienneté dans leur poste, qui dépasse parfois deux ou trois décennies. Il est vrai que l'expérience est précieuse, mais dans ce cas, elle ne s'applique pas. Les soupes sont meilleures lorsqu'elles sont cuites dans de vieilles marmites, mais ce ne sont pas les vieilles marmites qui peuvent changer une recette.

Ce qui rend cette situation encore plus pitoyable, c'est que mon licenciement s'est produit sans la présence de mes supérieurs directs et sans communication préalable de leur part, ce qui affirme la non-relation qu'ils avaient entretenue avec moi au cours de ces trois dernières années.

Il est intéressant de noter que la psychologie humaine nous pousse parfois à rechercher des solutions de confort lorsque nous sommes confrontés à des situations difficiles. Ces solutions peuvent être porteuses de chantage psychologique et moral, car les victimes craignent souvent de perdre leur confort actuel. Cependant, nous sommes tous différents dans notre manière d'aborder ces circonstances. Personnellement, je préfère dormir paisiblement sous un pont plutôt que de passer des nuits blanches à vivre une vie insatisfaisante et frustrante.

Cette autobiographie ne se veut ni vindicative, ni dénonciatrice de la malhonnêteté de la Multinationale. Elle vise plutôt à définir ma conception de l'intégrité. C'est son point de vue qui me permet de vivre heureux et serein.

Dans le passé, je ne croyais pas qu'il était possible de trouver le bonheur dans la vie, car il semblait toujours y avoir quelque chose qui la dérangeait dans sa vie quotidienne. Mais j'ai changé d'avis. Je sais maintenant que vivre heureux implique de faire des choix et de s'efforcer de faire respecter des situations qui ne sont pas toujours sous notre contrôle. Lorsque nous nous estimons comme nous souhaitons être estimés, de nouvelles opportunités s'offrent à nous. Certains affirment que le paradis ne se gagne pas sans effort, et c'est vrai pour beaucoup. Cependant, certains ont atteint leurs objectifs en sacrifiant d'autres personnes et en leur offrant la possibilité d'explorer le monde dans lequel nous vivons, parfois même en transmettant des pandémies qui touchaient des régions que nous n'imaginions même pas ouvrir au monde.

On pourrait me qualifier de courageux et d'admirable pour avoir suivi ma propre voie et fait des choix qui reflètent ma véritable identité et mes valeurs. Il est essentiel d'être fidèle à soi-même et de rechercher l'authenticité pour trouver le bonheur et l'épanouissement dans la vie. Malgré les défis et les difficultés que nous rencontrons souvent sur ce chemin, en fin de compte, vivre selon nos valeurs et être honnête avec nous-mêmes est une récompense en soi.

Beaucoup d'entre nous ont raison.

Mon intégrité est le pilier de ma sérénité et personne ne peut me l'enlever.

"N'oubliez pas qu'on a inventé la machine à voyager dans le temps et dans l'espace ainsi que vers d'autres mondes : le livre. Alors Lisez."

Maxime Chattam

Viens dans mon monde en suivant mes Réseaux Sociaux :